Dinner for One
Der offizielle Adventskalender

Der 90. Geburtstag oder

Dinner for One

Der offizielle Adventskalender

Silvester-
Countdown
vom 01. bis 31.
Dezember

LAPPAN

01. DEZEMBER

Wie heißen die Gäste von Miss Sophie, und wer sitzt wo?

Fangen wir zum Warmwerden und zur Vorbereitung auf das Jahresende mit etwas ganz Leichtem an:

Miss Sophie begrüßt an diesem Abend folgende Gäste: Admiral von Schneider, Mr Winterbottom, Sir Toby und Mr Pommeroy. Doch wo sitzen die Herren? Hier können Sie Ihre Antworten eintragen!

(Die Auflösung gibt es morgen.)

02. DEZEMBER

Wer ist
Heinz Piper?

Auch wenn der Name den meisten kein Begriff ist: Sein Gesicht und seine berühmte Anmoderation kennt in Deutschland sicherlich jeder. Als Conférencier spricht Heinz Piper die einleitenden Worte in der NDR-Fernsehproduktion *Dinner for One.*

Antwort vom Vortag: Die Sitzordnung im Uhrzeigersinn, beginnend links von Miss Sophie: Sir Toby, Admiral von Schneider, Mr Pommeroy, Mr Winterbottom.

Ob er damals bereits absehen konnte, dass er einem breiten Publikum über Jahrzehnte hinaus für einen gerade mal zweiminütigen Auftritt als Ansager im Gedächtnis bleiben würde, ist allerdings fraglich.

Regisseur Heinz Dunkhase hatte Piper als Moderator angefragt, um dem deutschsprachigen Publikum den auf Englisch gespielten Sketch in einer Einführung zu erläutern. So ist Piper bis heute an jedem Silvesterabend in den dritten Programmen der ARD zu sehen und zu hören.

Dabei begann Piper seine Karriere mit Kinoproduktionen. Sein Spielfilmdebüt gab er mehr als 25 Jahre vor seinem Auftritt bei *Dinner for One*. In *Der Bettelstudent* von 1936 spielte der ausgebildete Schauspieler neben Marika Rökk und Johannes Heesters. Danach folgten zahlreiche Auftritte in Produktionen wie *Liebe kann lügen* und *Die Korallenprinzessin* (beide 1937) oder *Es leuchten die Sterne* (1938). 1938 war er der erste Programmansager der deutschen TV-Geschichte.

Nach 1945 konnte man ihn auch auf der Bühne sehen, und das überwiegend in Hamburg. Außerdem war er Sprecher der NDR-Sendereihe *Saturday Nightclub* beim Rundfunk.

Übrigens: Sein Sohn Tommi Piper (* 1941) ist ebenfalls Schauspieler und Synchronsprecher. Vielen dürfte er als Stimme von *Alf* bekannt sein.

03. DEZEMBER

Kennen Sie den Namen der **Vorspeise?**

Als Vorspeise serviert James klassische Mulligatawny-Soup. Bei dieser Suppe mit dem komplizierten Namen handelt es sich um eine scharfe indische Curry-Kokos-Suppe. Sie hat ihre Wurzeln in der Kolonialzeit Englands und basiert auf dem Rezept einer Currysauce. Seit Jahrzehnten ist sie fester Bestandteil der britischen Küche.

Diese Suppe gibt es mit oder ohne Huhn sowie mit oder ohne Reis. Wir haben uns für die vegetarische Variante ohne Huhn, aber mit Basmatireis entschieden.

ZUTATEN FÜR VIER PERSONEN:

- 25 G BUTTER
- 1 ZWIEBEL MITTELGROSS, GEWÜRFELT
- 2 KNOBLAUCHZEHEN, GESCHÄLT UND KLEIN GEHACKT
- 2 KAROTTEN, KLEIN GESCHNITTEN
- 2 SELLERIESTANGEN, IN DÜNNE SCHEIBEN GESCHNITTEN
- 1 SÜSSKARTOFFEL, GESCHÄLT UND GEWÜRFELT
- 1 APFEL, GESCHÄLT, ENTKERNT UND IN WÜRFEL GESCHNITTEN
- 1 EL CURRYPULVER
- 2 TL GEMÜSEBRÜHE
- 1 LITER WASSER
- 1 TL TOMATENMARK
- 1 EL MANGO-CHUTNEY
- 100 G BASMATIREIS
- 100 G NATURJOGHURT (VOLLFETT) ODER SCHMAND
- ETWAS PETERSILIE ODER KORIANDER
- SALZ
- PFEFFER

UND SO WIRD'S GEMACHT:

1 Butter in einer Pfanne schmelzen, Knoblauch, Zwiebeln, Süßkartoffeln, Sellerie und Karotten hinzugeben.

2 10 Minuten unter ständigem Rühren bei mittlerer Hitze anschwitzen. Wenn das Gemüse leicht gebräunt ist, die Apfelwürfel und das Currypulver hinzufügen. 2–3 Minuten weiter leicht anbraten.

3 Gemüsebrühe im heißen Wasser auflösen und in die Pfanne geben, dann Tomatenmark und Mango-Chutney einrühren. Kurz aufkochen lassen und die Hitze reduzieren, ungefähr 30 Minuten auf kleiner Flamme köcheln lassen.

4 Währenddessen den Basmatireis mit einer Prise Salz laut Packungsangabe kochen, bis er weich ist, dann mit kaltem Wasser abschrecken.

5 Anschließend die Suppe leicht pürieren. Sie muss nicht komplett püriert werden.

6 Sollte die Suppe zu breiig oder dickflüssig sein, kann nach Geschmack Wasser hinzugefügt werden.

7 Mit Salz und Pfeffer würzen.

8 Den abgekühlten Reis hinzugeben.

9 Mit etwas Schmand oder Joghurt sowie den Kräutern garnieren.

I am particularly fond of mulligatawny soup, James.

04

04. DEZEMBER

Was sagt James, nachdem er aus der **Blumenvase** getrunken hat?

Oder anders gefragt:
Was hat die Katze in dem Stück zu suchen?

Gegen Ende des Sketches ist James schon stark angetrunken. Als er in der Rolle als Mr Winterbottom Miss Sophie zuprostet, greift er versehentlich zur auf dem Tisch stehenden Blumenvase, setzt an und trinkt. Als er merkt, dass sich Blumen im vermeintlichen Glas befinden, entfernt er den Blumenstrauß und leert die Vase statt des Glases in einem Zug. Danach lässt er vollmundig verlauten: „Huuuhhh, I'll kill that cat!" („Ich töte diese Katze!")

Wie kommt James jetzt auf eine Katze?

Die Erklärung ist relativ einfach: Billiger Fusel wird im englischsprachigen Raum (vor allem in der damaligen „Soldatensprache") oft als *Cat Pee* (Katzenpisse) bezeichnet.

„Soldatensprache" bezeichnet eine von Mannschaftssoldaten entwickelte Sprache, die im Gegensatz zur Gefechts- und Kommandosprache nur inoffiziell verwendet wurde.

Die Soldatensprache diente dazu, den Dienstalltag mit Humor zu erleichtern. Sie konnte helfen, das Gefühl von Gruppenzugehörigkeit zu fördern und Frust abzubauen. Themen in der Soldatensprache sind sehr unterschiedlich, und die Sprache bedient sich oftmals vulgärer Umgangssprache.

I kill that cat bedeutet also in etwa so viel wie „Es schmeckt zwar nicht, aber runter damit!"

Und so kommt die Katze in den Sketch.

05. DEZEMBER

Was hat May Warden mit **Kubricks** *Uhrwerk Orange* zu tun?

Freddie Frinton als Butler James ist zweifellos der Star des Stücks. Doch zum Erfolg gehört auch die vielleicht bekannteste Nebendarstellerin der Welt Miss Sophie, gespielt von der damals 71-jährigen May Warden.

Fast jeder kennt Miss Sophie, aber ihre Darstellerin und deren Name May Warden sind den wenigsten geläufig. Ihren allerersten Fernsehauftritt hatte sie tatsächlich mit ihrer Paraderolle Miss Sophie in der Sendung *Guten Abend, Peter Frankenfeld!,* und da war sie bereits 71 Jahre alt.

Geboren wird May Warden am 9. Mai 1891 im englischen Leeds. Obwohl sie erst spät zum Fernsehen kommt, steht May Warden schon früh auf der Bühne. Mit zwölf Jahren zeigt sie allen, dass sie das Show-Talent ihres Vaters geerbt hat, denn ihr amerikanischer Vater Edward Warden verdient den Lebensunterhalt für die kleine Familie als fahrender Schauspieler. Ihre Mutter hingegen stammt aus gutbürgerlichem Haus. Für ihren Ehemann überwirft sie sich mit ihren Eltern und führt ihm zuliebe ein Leben ohne festen Wohnsitz. Das ist auch der Grund, weswegen die kleine May Warden nie eine Schule besucht.

1915 lernt Warden den Komiker Silvester Stewart kennen. Die beiden heiraten noch im selben Jahr. Sie bekommen vier gemeinsame Kinder, von denen zwei in die Fußstapfen der Eltern treten.

Durch Wardens Tochter Audrey, die den Künstler Len Howe heiratete, treffen sich Frinton und Warden, denn Anfang der 5oer-Jahre treten zunächst Audrey Warden und Len Howe mit dem Sketch *Dinner for One* auf. 1954 übernimmt Freddie Frinton den Part von Howe und kurz darauf May Warden die Rolle ihrer Tochter.

Erst nach Frintons Tod wird May Warden für das englische Fernsehen entdeckt, oft für die Rolle der Großmutter. Sie übernahm auch eine Rolle in einem der brutalsten und düstersten Filme der 7oer-Jahre: In Stanley Kubricks Meisterwerk *Uhrwerk Orange* (1971) ist sie als Obdachlose zu sehen.

06. DEZEMBER

Mit welchem Gericht bestreitet James den ersten Gang?

Nach der Vorspeise serviert James „North Sea Haddock". Vielleicht ist es Ihnen aufgefallen: während der Aufzeichnung hat May Warden keinen Schellfisch gegessen. Fischkenner werden sofort erkannt haben, dass es sich um einen deutlich kleineren Fisch handelt, vielleicht Forelle?

Für uns kommt natürlich nur das Original infrage: Allerdings in einer vereinfachten Version, wie sie auch Miss Sophie höchstpersönlich goutieren würde.

ZUTATEN FÜR VIER PERSONEN:

- CA. 450 G NORDSEE-SCHELLFISCH (ALTERNATIV: KABELJAU)
- 250 G GHEE (AUS DEM ASIA-SHOP = GEKLÄRTE BUTTER)
- 1 TL ROSENPAPRIKA
- SALZ UND PFEFFER

UND SO WIRD'S GEMACHT:

1 Den Ofen auf 200 Grad Celsius vorheizen.

2 Die Hälfte des Ghee in eine Pfanne mit feuerfestem Griff geben und auf dem Herd erhitzen.

3 Den Fisch mit der Haut nach unten in die Pfanne legen.

4 Die Oberseite des Fisches mit der restlichen geklärten Butter bestreichen. Mit Paprikapulver bestreuen, salzen und noch einmal buttern.

5 Die Pfanne mit dem Fisch in den Ofen geben.

6 10–12 Minuten im Ofen backen. Fertig!

Haben Sie bemerkt, dass James keine Beilagen zum Fisch reicht? Aber was halten Sie von Petersilienkartoffeln?

Little bit of North Sea Haddock, Miss Sophie.

Übrigens: Freddies Familie weiß zu berichten: Der Nordsee-Schellfisch geht auf Freddies Wurzeln in Grimsby zurück – er ist mit diesem Gericht der Arbeiterklasse aufgewachsen und hat es sehr geliebt.

07. DEZEMBER

In wie vielen Ländern wird *Dinner for One* ausgestrahlt?

Obwohl bisher niemand so recht erklären konnte, worin die Durchschlagskraft dieses Sketches liegt, hat er neben seiner Haltbarkeit auch erstaunliche Breitenwirkung bewiesen.

Dinner for One wurde vom NDR in mehr als 20 Länder verkauft: unter anderem nach Dänemark, Norwegen, Finnland, Belgien, Luxemburg, Irland, Österreich, Spanien, Italien, Ungarn, Bulgarien, Estland und Australien sowie in die Niederlande und die Schweiz. Sogar auf See gehört das Stück zur Neujahrskost der Schiffscrews.

Bei so vielen Gemeinsamkeiten gibt es aber auch Unterschiede: In Norwegen haben Freddie Frinton und May Warden traditionell schon an Weihnachten ihren Auftritt. Darüber hinaus wird in drei Ländern eine andere Version als die vom NDR aufgezeichnete ausgestrahlt. In Norwegen, Schweden und der Schweiz sehen die Zuschauer eine kürzere Version des Schweizer Fernsehens. Sie wurde ebenfalls 1963 mit Freddie Frinton und May Warden in den Rollen von Miss Sophie und James gedreht und ist statt 18 Minuten nur 11 Minuten lang. Ein Grund ist unter anderem, dass in der Schweizer Version die Anmoderation durch Heinz Piper komplett fehlt.

Bei der Version, die in der ehemaligen DDR gezeigt wurde, handelte es sich um ein eigenproduziertes „Erinnerungsmahl". Die sozialistische Version wurde natürlich in deutscher Sprache gesendet, und James wurde von Ernest. E. Regon verkörpert. Erst kurz vor der Wende 1988 wurde dort erstmals die englischsprachige NDR-Version mit Freddie Frinton und May Warden ausgestrahlt.

Übrigens: In Schweden wurde der Sketch mit dem Namen *Grevinnan och betjänten* zeitweilig sogar verboten. Die Zotensammlung sorgte in Schweden bei ihrer ersten Ausstrahlung für so hohen Alkoholkonsum, dass der Sender entschied, *Dinner For One* vorerst nicht mehr zu zeigen. Das „Verbot" galt bis 1969.

Raten Sie mal, welche Sprachen das sind:
1.   Grevinnan och betjänten
2.   Illallinen yhdelle
3.   Grevinnen og Hovmesteren

08. DEZEMBER

Wie oft stolpert James über den **Tigerkopf?**

Insgesamt stolpert James **11 Mal** über den Tigerkopf.

Und wie oft trinkt James denn nun wirklich Alkoholisches?
Insgesamt **18 Mal** greift der arme Butler zum Glas.
Nicht eingerechnet ist der Schluck aus einer Blumenvase,
bei dem er „I'll kill that cat!" murmelt.

FREDDIE FRINTONS ORIGINAL-TIGERFELL WAR 2020 TEIL DER AUSSTELLUNG „VERY BRITISH. EIN DEUTSCHER BLICK" IM ZEITGESCHICHTLICHEN FORUM LEIPZIG.

Wie oft kommt der Satz „The same procedure as every year, James!" vor? **6 Mal** wird „The same procedure as every year, James" gesagt.

Und was ist mit der Frage „The same procedure as last year, Miss Sophie?"? **6 Mal** hört man: „The same procedure as last year, Miss Sophie?"

Übrigens: Würde man den 18 Minuten langen Sketch als Anlass zu einem Trinkspiel nehmen, wäre man schon vor Mitternacht stark betrunken. Das glauben Sie nicht? Hier eine Beispiel-rechnung:

Gehen wir von folgenden fiktiven Spielregeln aus.
Jedes Mal, wenn James über den Tigerkopf stolpert, müssen die Zuschauer einen Schnaps trinken. Das wären 11 Schnäpse à 2 cl in 18 Minuten. Wenn wir von Schnaps mit einem durch-schnittlichen Alkoholgehalt von 32 % ausgehen, bedeutet das eine Alkoholaufnahme von 66,88 Gramm.

Bei einem 45-jährigen Mann, der 90 kg wiegt und etwa 1,80 m groß ist, ergibt das einen Blutalkoholwert von 1,12 Promille.
Bei einer 45-jährigen Frau, die 70 kg wiegt und etwa 1,65 m groß ist, ergibt das einen Blutalkoholwert von 1,63 Promille. Wie hoch der Blutalkoholwert wäre, wenn jedes Mal getrunken würde, wenn auch James etwas trinkt, erfahren Sie am 12. Dezember.

Cheerio, Miss Sophie!

09. DEZEMBER

Wie kam *Dinner for One* ins **deutsche** Fernsehen?

PETER FRANKENFELD (R) MIT WALTER GROSS BEI DER SHOW *Guten Abend, Peter Frankenfeld!*

Nun, zu dieser Geschichte gibt es verschiedene Versionen. Hier sei die erste, etwas romantischere und vielleicht auch bekanntere geschildert: Die Geschichte begann ihren Lauf im Hamburg der 1960er-Jahre, denn dort suchten zwei Veteranen der Fernsehunterhaltung nach neuen Nummern für den NDR, so heißt es.

Entertainer Peter Frankenfeld und sein Regisseur Heinz Dunkhase brauchten neue Showeinlagen für ihr Live-Unterhaltungsprogramm im deutschen Fernsehen *Guten Abend, Peter Frankenfeld!*. Die Sendung war damals ein großer Renner und vereinte die ganze Nation regelmäßig vor dem Bildschirm. Ihre Suche führte sie an Englands Küste, wo sie sich in den Varietés und Seebädern inspirieren ließen.

Ende 1962 – so die Legende – kamen die beiden ins englische Seebad Blackpool. Der Vergnügungsort der Arbeiter an der englischen Westküste war damals ein ideales Spielfeld für Komiker und Kleinkünstler. Heute gibt es dort zwar noch einige kleine Varietés, aber das Blackpool von heute ist nicht mehr mit dem der „glorreichen" Zeit von damals zu vergleichen.

Frankenfeld und sein Freund Heinz Dunkhase verbrachten viel Zeit in Shows, die Blackpool in den 60er-Jahren zu bieten hatte. Im *Pavilion Theatre* der *Winter Gardens* machten Frankenfeld und Dunkhase schließlich **DIE** Entdeckung, denn dort stand Freddie Frinton auf der Bühne mit seinem Sketch. Er und seine Partnerin May Warden konnten Frankenfeld auf Anhieb begeistern. Frankenfeld und Dunkhase sprinteten nach der Aufführung (manch einer behauptete später, sie stürmten noch **während** der Aufführung) hinter die Bühne, um die Mimen vom Fleck weg zu engagieren.

Zunächst traten die beiden Schauspieler bei Frankenfelds Show *Guten Abend, Peter Frankenfeld!* im Theater am Besenbinderhof auf. Dieser Auftritt war ein solcher Erfolg, dass die cleveren Entdecker sofort auch eine Studioaufzeichnung in Betracht zogen. Gesagt, getan, und nur vier Tage später unterzeichneten Freddie Frinton und der NDR einen Vertrag für eine TV-Aufzeichnung, die wenige Wochen später stattfinden sollte.

Cheerio!

10. DEZEMBER

Was gibt es bei Miss Sophie zum **Champagner?**

I think we'll have champagne with the bird!

Hauptgang: Hühnchen

Da dieser Gang nicht weiter erläutert wird, nehmen wir an, dass Miss Sophie ein typisches britisches Ofenhähnchen als Hauptgang genossen hat. Hier haben wir ein Rezept mit englischem Cider und Gemüse gewählt.

ZUTATEN FÜR VIER PERSONEN:

- EIN GANZES HUHN AUS FREILANDHALTUNG, CA. 2 KG
- 60 G UNGESALZENE WEICHE BUTTER
- SALZ
- WEISSER PFEFFER, FRISCH GEMAHLEN
- 2 BRAEBURN-ÄPFEL
- 1 GROSSE KAROTTE
- 1 GROSSE PASTINAKE
- 4 SCHALOTTEN, GESCHÄLT UND HALBIERT
- 400 ML DRY CIDER
- 30 G UNGESALZENE BUTTER, KALT UND GEWÜRFELT
- 4 SALBEIBLÄTTER

UND SO WIRD'S GEMACHT:

1 Den Ofen auf 200 °C/Gas Stufe 6 vorheizen. Das Hähnchen mit der weichen Butter bestreichen. Mit Salz und frisch gemahlenem weißem Pfeffer würzen.

2 Die Äpfel schälen, entkernen und in 2 cm große Würfel schneiden. Dann die Karotte und die Pastinake schälen und in 1 cm große Scheiben schneiden.

3 Wählen Sie ein Brat- oder Backblech, das groß genug ist. Legen Sie das Huhn in die Mitte des Blechs. Verteilen Sie die Äpfel, Schalotten, Karotten und Pastinaken um das Huhn.

4 Den Dry Cider über das Gemüse gießen, und das Blech in den Ofen schieben.

5 Das Huhn ca. 1 Stunde lang braten, bis das Gemüse zart und goldgelb ist und der Saft des Huhns klar herausläuft, wenn Sie mit einer Gabel in den Schenkel stechen. Sollte der Bratensaft noch nicht klar sein, noch einmal 10 Minuten in den Ofen schieben und in regelmäßigen Abständen etwas Wasser nachgießen, falls der Boden des Blechs zu trocken sein sollte. Das Gemüse sollte in der Flüssigkeit garen.

6 Das Hähnchen aus der Form nehmen und auf eine große Servierplatte legen. Das Gemüse mit einem Schaumlöffel vorsichtig vom Blech heben und um das Huhn anrichten.

7 Während das Huhn ruht, den Cider und Bratensaft durch ein feines Sieb in eine kleine Pfanne gießen. Dabei das Fett von der Oberfläche abschöpfen. Die Pfanne auf den Herd stellen, und die Flüssigkeit auf etwa 150 ml einkochen lassen. Dann die kalte Butter einrühren.

8 Die Salbeiblätter zu einem festen Bündel zusammenrollen, in feine Streifen schneiden und in die Sauce geben. Das Huhn tranchieren und mit dem Gemüse und der Sauce servieren.

That looks a very fine bird!

11

11. DEZEMBER

Wo ist *Dinner for One* nahezu unbekannt?

Dinner for One wird in keinem Land synchronisiert. Warum ist der Sketch eines so britischen Originals in einem derartig britischen Setting also in England weitestgehend unbekannt? Schließlich wurde der Sketch von einem Briten geschrieben und 1948 in London uraufgeführt.

Während der Sketch des NDR überall in Europa zum Kult wurde, verweigerte die BBC jahrelang die Ausstrahlung. Was war der Grund? Glaubten die Programmmacher, dass die Briten den betrunkenen Butler und seine demente Herrschaft nicht witzig finden würden? Das ist unwahrscheinlich. Schließlich war das Theaterstück mehr als 20 Jahre lang ein großer Hit in den Varietés der englischen Seebäder gewesen. Oder war es der derbe Slapstick Humor mit den schlüpfrigen Anspielungen, die allesamt durch Freddie Frinton in den Sketch Einzug hielten? Eine These lautet, dass der Sketch einfach nicht *sophisticated* genug fürs britische Fernsehen war. Eine weitere These besagt, dass es sich schlicht um Zensur handelt. Schließlich wird hier die britische Aristokratie durch den Kakao gezogen. So weit würden wir nicht gehen wollen, aber Fakt ist: Das Stück geriet in England vollkommen in Vergessenheit.

Doch im Jahr 2018 entdeckten die Organisatoren des *Scottish Comedy Film Festival's Slapstick Weekend* das NDR-Filmchen mit Freddie Frinton. Sie amüsierten sich offenbar derartig, dass sie die Genehmigung zur Aufführung bei der Frinton-Familie einholten und die Aufzeichnung ins Programm aufnahmen – und siehe da, endlich konnte auch die BBC zu einer Ausstrahlung überredet werden. Zum ersten Mal seit der Entstehung des Films 1963 wurde er am Silvesterabend 2018 im britischen Fernsehen gezeigt. Sage und schreibe lediglich 55 Jahre nach seiner deutschen TV-Aufzeichnung.

12

12. DEZEMBER

Welchen **Promillewert** dürfte James nach dem Abend haben?

Am besten rechnen wir mal zusammen:

Insgesamt 18 Mal greift der am Ende des Dinners recht betrunkene Butler zu. Den Schluck aus der Blumenvase nicht mit eingerechnet.

Zur Vorspeise gibt es Sherry.
Ein typisches Glas Sherry hat ein Fassungsvermögen von etwa **40 ml** *und einen Alkoholgehalt von etwa* **18 %**.

Zum ersten Gang gibt es Weißwein.
Ein typisches Weißweinglas hat ein Fassungsvermögen von etwa **100 ml**, *und ein leichter Weißwein schlägt mit einem Alkoholgehalt von etwa* **12 %** *zu Buche.*

Zum zweiten Gang gibt es Champagner.
Ein typisches Champagnerglas enthält etwa **100 ml** *Champagner, der in etwa denselben Alkoholgehalt hat wie Weißwein, also* **12 %**.

Zur Nachspeise wünscht sich Miss Sophie Portwein.
Ein typisches Glas für Portwein fasst in etwa **40 ml**, *und süßer Portwein hat einen durchschnittlichen Alkoholgehalt von* **19 %**.

Da James für alle vier Gäste mittrinkt und offenkundig die Gläser in einem Zug leert, muss das Ganze jetzt noch mit vier multipliziert werden.

Jetzt brauchen wir noch ein paar Eckdaten zu James:

Gehen wir davon aus, dass James etwa 85 kg wiegt und etwa 180 cm groß ist. Da er keine der Speisen, die er serviert, auch isst, kommt man rechnerisch auf ungefähr **2,1 Promille**. Dass er es noch die Treppe nach oben schafft, um Miss Sophie zur Hand zu gehen, ist vor diesem Hintergrund mehr als erstaunlich.

Übrigens: Im Gegensatz zu James war Freddie Frinton nie ein großer Trinker. Seine Witwe Nora erinnert sich, dass er vielleicht nur zweimal in seinem Leben überhaupt ein bisschen angetüdelt war. Außer aus Höflichkeit bei gesellschaftlichen Anlässen trank er selten Alkohol. Ab und zu gönnte er sich zum *Sunday Roast* höchstens mal ein Glas Mateus Rosé. Doch sonst war er dem Alkohol nicht besonders zugetan.

13. DEZEMBER

Wie viele
brennende Kerzen
befinden sich
im Raum?

Auf der Tafel befinden sich sechs brennende Kerzen. Vier Kerzen brennen an der Wand: jeweils zwei links und zwei rechts vom Buffet, auf dem James die Speisen zubereitet.

14. DEZEMBER

Was bedeutet „Sugar in the morning"?

Der Abend ist bereits fortgeschritten. James hat schon gehörig Schlagseite, als er in die Rolle des Sir Toby schlüpft, Miss Sophie zuprostet und dabei inbrünstig eine kleine Sangeseinlage von sich gibt. Aus voller Kehle schmettert er los: „Sugar in the morning!"

Haben Sie sich auch schon mal gefragt, was es damit auf sich hat?

Bei dem Satz handelt sich um eine Liedzeile aus einem Song der McGuire Sisters. Die McGuire Sisters waren ein Pop-Gesangstrio aus den 1950er- und frühen 1960er-Jahren, das mehrere Hits vor allem im englischsprachigen Raum hatte.

Der Hit mit der von James zitierten Zeile trägt den Titel *Sugartime*. Er kam 1958 heraus und war in Großbritannien 14 Wochen lang in den Charts. In den US-Charts konnte sich der Song sogar 23 Wochen lang behaupten.

In *Sugartime* singen die McGuire Sisters „Sugar in the mornin', sugar in the evenin', sugar at suppertime" und weiter „Be my little sugar and love me all the time".

Ganz klar ein Liebeslied. Ist hier vielleicht eine weitere Anspielung versteckt, dass auch einst Sir Toby zu seinen Lebzeiten ein Auge auf Miss Sophie geworfen hatte und James hier die Flirtversuche des Verstorbenen imitiert? Wir werden es vermutlich nie herausfinden.

Sugar in the morning, sugar in the evening ...

15. DEZEMBER

Gibt es noch eine **andere Version** von *Dinner for One?*

Ja, es gibt noch eine weitere TV-Version mit May Warden und Freddie Frinton. In einigen Ländern wird anstelle der NDR-Aufzeichnung eine andere Version ausgestrahlt: die sogenannte „Schweizer-Version", die zwar mit denselben Schauspielern, aber unter der Regie von Franco Marazzi im März 1963 im *Studio Bellerive* in Zürich für das Schweizer Fernsehen aufgezeichnet und noch im selben Jahr ausgestrahlt wurde.

Viele kleine Details machen die Schweizer Ausgabe im Vergleich zur NDR-Version, die einige Monate später aufgezeichnet wurde, zu etwas ganz Besonderem:

Während die Aufzeichnung aus den Hamburger Studios 18 Minuten dauert, ist die Version für das Schweizer Fernsehen mit 11 Minuten deutlich kürzer. Hauptgrund hierfür ist vor allem die fehlende Anmoderation von Heinz Piper.

Manche Situationen sieht man auch aus einem anderen Blickwinkel, weil eine der Kameras im linken Bühnenbereich positioniert ist. Grundsätzlich ist die gesamte Ausstattung etwas spartanischer. So wurde beispielsweise auf ein Tischtuch und die Kerzenleuchter verzichtet.

Und eine liebevolle, fast schon niedliche Situation aus der NDR-Version fehlt in der kürzeren Fassung komplett: die Szene, als James den Tigerkopf nach einem Stolperer tätschelt.
Ebenso vermisst man James' fast schon flehentliches „Must I?" und die zugehörige Antwort „Just to please me, James." Hierfür gibt es eine interessante Theorie, die mit Frintons Verhältnis zu Deutschland im Zusammenhang steht. Doch dazu mehr hinter Türchen Nr. 19.

Und nicht zuletzt erfahren die Zuschauer durch diese Fassung, dass es im Sketch des NDR offensichtlich zu einem nicht einstudierten Missgeschick gekommen ist: Beim Einschenken für Sir Toby fällt der Becher um, und Frinton alias James kann sein eigenes Lachen kaum verbergen. Dass einige Gags oder Stolperer fehlen, geht ganz und gar auf Frintons Improvisations-freude zurück. Er war dafür bekannt, den Sketch immer und immer wieder zu variieren.

16. DEZEMBER

Woher kommt
Freddie Frintons
Name?

Freddie Frinton kommt 1909 als Frederick Bittiner Coo im nordenglischen Grimsby zur Welt. Grimsby liegt an der englischen Ostküste und war einst der größte Fischereihafen der Welt. Die Fischerei ist, wie für zahlreiche Einwohner Grimsbys auch, für den jungen Freddie von Bedeutung. Welche Rolle die Fischerei seinem Leben spielte, klären wir am 22. Dezember auf.

Zeit seines Lebens betrieb Frinton ein merkwürdiges Verwirrspiel um seinen Geburtsnamen und sein Geburtsjahr. Nicht nur machte er sich zunächst zwei und später sogar vier Jahre jünger, als er war, manchmal behauptete er auch, mit Nachnamen Horgate zu heißen, nach dem Besitzer des Hauses, in dem er bei Pflegeeltern aufwuchs. Er ließ sogar zu, dass man ihn für ein Findelkind von hoher Abstammung hielt. Er förderte

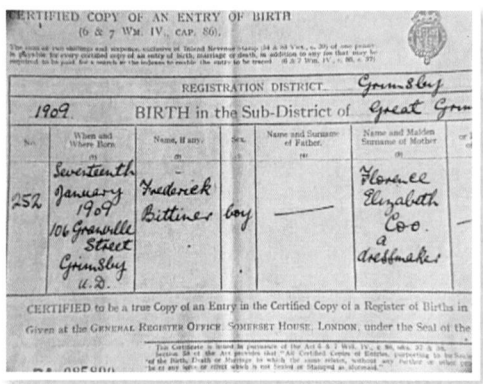

selbst die Legenden um die romantischen Umstände seiner Aussetzung. Aber die Geburtsurkunde bestätigt etwas anderes: Er heißt Frederick Coo nach seiner Mutter, Bittiner ist der Name seines Vaters.

Diese Aura des Geheimnisvollen umgibt ihn, bis er auf der Bühne des Gesangsvereins steht.

Nachdem er seinen ersten Job in einer Fischfabrik in Grimsby verliert, zieht es ihn in die Welt der Unterhaltung, und er findet seine erste Festanstellung in einer Tanztruppe in Cleethorpes.

Nach Ende seines ersten festen Engagements dort will er sich auch äußerlich von der Vergangenheit trennen und den nächsten Entwicklungsschritt machen. Er sucht für sich nach einem neuen Namen. Eines Tages erzählt ihm ein Kollege von einem kleinen Badeort in der Nähe namens Frinton-on-Sea. Dieser kleine, beschauliche Ort ist so bieder und brav, dass es nicht mal einen Pub gibt. Freddie Coo ist begeistert und nimmt den wegen der doppelten Alliteration schmissig klingenden, Namen Freddie Frinton an.

17. DEZEMBER

Was gönnt sich Miss Sophie zum **Nachtisch?**

JAMES:

Would you like some fruit?

MISS SOPHIE:

I think, we'll have port with the fruit!

Zu guter Letzt steht Miss Sophie der Sinn nach einem leichten Nachtisch. Serviert wird eine typische britische Obstschale. Viel davon isst Miss Sophie jedoch nicht: Allein die Birne und ein paar Trauben finden Beachtung. Wichtiger ist da schon die Getränkebegleitung: Portwein.

Guter Portwein eignet sich nicht nur zum Trinken, sondern auch hervorragend zum Zubereiten von Süßspeisen. Hier ein Rezept, das sicher auch Miss Sophie geschmeckt hätte:

ZUTATEN FÜR VIER PORTIONEN:

- 200 G SÜSSKIRSCHEN, ENTSTEINT
- 2 EL ZUCKER
- 1 PÄCKCHEN VANILLEZUCKER
- ZIMT NACH GESCHMACK
- 50 ML PORTWEIN
- 1 TL SPEISESTÄRKE
- 3 EL RUM

UND SO WIRD'S GEMACHT:

Die Kirschen mit dem Zucker, Vanillezucker, Zimt und Portwein in einem Topf unter Rühren aufkochen. Die Speisestärke mit dem Rum glatt rühren, und anschließend mit den Kirschen vermischen. 2 Minuten aufkochen lassen. Schmeckt am besten lauwarm. Wer sich das Leben besonders versüßen will, sollte Walnusseis dazu essen.

Übrigens: Auch wenn bis heute nicht ganz geklärt, ist wem wir die Erfindung des Portweins zu verdanken haben – eins ist klar: Ohne die Engländer gäbe es den Portwein nicht. Da der Weinanbau naturgemäß auf der Insel nicht von Erfolg gekrönt war, wurden Weine im 17. Jahrhundert überwiegend aus Frankreich importiert. Zu dieser Zeit verschlechterten sich aber die Beziehungen zwischen England und Frankreich zunehmend, sodass Portugal zu einem der wichtigsten Weinlieferanten wurde. Jedoch litten die Weine auf der längeren Seereise oft, und so kam man auf die Idee, den Wein mit Branntwein zu versetzen, was die Gärung stoppt, den Wein süßer werden lässt und ihm einen Alkoholgehalt von bis zu 22 % beschert.

18. DEZEMBER

Vertraute Töne? Ist Ihnen die Eingangsmelodie bekannt?

Jetzt wird es etwas schwieriger und kulturell anspruchsvoller. Kennen Sie die Eingangsmelodie im Sketch und deren Geschichte?

Während der Anmoderation und am Schluss des Stücks ist eine Instrumentalversion des Liedes *Charmaine* in einer Aufnahme des Orchesters Victor Silvester zu hören. Zum Welthit wurde der romantische Song allerdings in einer Version mit Streichorchester unter der Leitung von Annunzio Paolo Mantovani.

Charmaine entstand 1926 als Begleitmusik für die Kinovorführungen Stummfilm *Rivalen*, ein im besetzten Frankreich des Ersten Weltkriegs angesiedeltes Drama. Ernö Rapée komponierte den Song, den er nach der weiblichen Hauptfigur des Stücks (*Charmaine de la Cognac*) benannte.

Doch den meisten Menschen dürfte dieser langsame Walzer vor allem durch Mantovanis Instrumentalversion bekannt sein. Er brachte das Lied erstmals 1951 mit dem für ihn typischen Sound der „Cascading Strings" als Single heraus und war damit insgesamt fünf Monate lang in den US-Charts vertreten. Für Mantovani wurde *Charmaine* zu einer Art Erkennungsmelodie, die er später noch mehrfach erneut einspielte, etwa für *An Album In Waltz Time* (1955).

Außerdem wurde das Lied für Filme wie *Einer flog über das Kuckucksnest*, *The Green Mile*, *Die Insel* und einige Folgen *Derrick* verwendet.

Übrigens: Charmaine wurde nur in der TV-Aufzeichnung für die Eingangssequenz verwendet. Vor seinen Bühnenauftritten in England ließ Freddie Frinton lieber den Song *Dinner For One Please, James* abspielen. Michael Carr komponierte dieses Lied, ohne den gleichnamigen Sketch zu kennen.

19

19. DEZEMBER

Warum gibt es
Dinner for One nur
auf Englisch?

Hätte *Dinner for One* nicht auch auf Deutsch aufgeführt und aufgezeichnet werden können? Nun, hier hält sich das Gerücht hartnäckig, dass das Stück auf Englisch aufgenommen wurde, weil Freddie Frinton sich weigerte, es in deutscher Sprache aufzuführen. In seinem Heimatland bereits ein bekannter Varieté- und Kabarettschauspieler, hat er nie einen Hehl daraus gemacht, dass er der deutschen Sprache nicht viel abgewinnen konnte. Nicht zuletzt deshalb, weil er dem Land wegen seiner Verbrechen im Zweiten Weltkrieg nicht sonderlich zugetan war.

Seine Abneigung gegen Deutschland spürt man auch in der Inszenierung für den NDR. So fragt er Miss Sophie (May Warden) stets „Must I?" (Muss ich denn wirklich?), ob er den Admiral von Schneider wirklich verkörpern soll, und verwendet beim Anstoßen als Admiral das skandinavische Wort „Skol!" statt des deutschen Worts „Prost!".

Obwohl es mittlerweile mehrere Versionen gibt, beispielsweise in plattdeutscher Sprache oder auf Kölsch, wird bis heute in Deutschland nicht nur aus Respekt vor Freddie Frinton ausschließlich die englische Originalversion gezeigt. Sie ist damit eine der wenigen Sendungen, die gänzlich ohne Synchronisation im deutschen Fernsehen auskommt.

Selbst die anlässlich des Jahrtausendwechsels kolorierte Fassung des englischen Originals wird in Deutschland nur selten gezeigt. Und seien wir mal ehrlich: Der original britische Tonfall gehört zum Stück wie das Tigerfell.

20. DEZEMBER

Wer entdeckte
Freddie Frinton für das
deutsche Fernsehen?

HEINZ DUNKHASE (STEHEND LINKS)

Wie Freddie Frinton ins deutsche Fernsehen kam, darüber scheiden sich wie schon erwähnt die Geister. Immer noch wird meistens Peter Frankenfeld als Freddie Frintons Entdecker bezeichnet. Allerdings gibt es Hinweise, dass *Dinner for One* bereits 1961, d. h. zwei Jahre vor der NDR-Aufzeichnung, im deutschen Fernsehen lief.

Und zwar soll der Sketch mit den beiden Komikern bereits am 9. Dezember 1961, so die zweite Theorie, in der Show *Bitte lassen Sie sich unterhalten* von und mit Sängerin Evelyn Künneke aufgeführt und ausgestrahlt worden sein. Doch wer hat gegen Frankenfeld als Entdecker Einwände erhoben? Das war Siegfried Welty. Er saß nämlich genau an diesem Tag mit seiner hochschwangeren Frau Margarete Welty vor dem Fernseher. Margarete musste bei Frintons vielen Einlagen so heftig lachen, dass die Wehen einsetzten und das Ehepaar kurzerhand ins Krankenhaus fahren musste, wo Sohnemann Dieter das Licht der Welt erblickte.

Übrigens: Für Künnekes Sendung war Heinz Dunkhase ebenso Regisseur wie für die spätere TV-Show *Guten Abend, Peter Frankenfeld!*. Ob er nun zusammen mit Peter Frankenfeld nach Blackpool gereist ist, um Freddie Frinton zu überreden, noch einmal nach Hamburg zu kommen, oder nicht, wird wohl nie ganz geklärt werden können. Eins ist aber sicher: Ihm und Frankenfeld ist es zu verdanken, dass es diese eine bekannte Magnetaufzeichnung von dem Stück gibt, die sich bis heute großer Beliebtheit erfreut.

21. DEZEMBER

Reichtum für Freddie Frinton oder nur **Ruhm und Ehre?**

Kaum zu glauben, aber wahr: Reich sind die beiden Schauspieler Freddie Frinton und May Warden mit dem Klassiker leider nicht geworden. Niemand kann heute mehr sagen, wie hoch die Gage der beiden für den ersten Auftritt vor deutschen Kameras bei *Guten Abend, Peter Frankenfeld!* war.

Allerdings ist der mit dem NDR geschlossene Vertrag für die Kultaufzeichnung noch vorhanden. Darin kann man nachlesen, dass für beide Darsteller zusammen ein pauschales Honorar von 4.150 DM plus Reisekosten und Spesen vereinbart wurde, wovon allerdings 622,50 DM (15 %) an das Finanzamt in Hamburg abgeführt werden mussten. In welchem Verhältnis die beiden Darsteller sich die Gage teilten, ist mittlerweile leider nicht mehr nachzuvollziehen.

Gemessen am heutigen Stellenwert des Stücks, war das Honorar also ein echtes Schnäppchen. Zum Vergleich: Laut der ARD beträgt die Drehzeit für eine 90-minütige *Tatort*-Folge im Schnitt etwa 23 Tage. Eine Folge kostet zwischen 1,5 und 1,7 Millionen Euro. Eine gesendete *Tatort*-Minute kostet also im Schnitt 17.777 Euro.

Dinner for One hingegen wurde innerhalb von 4 Tagen gedreht, und der Sketch dauert etwa 11 Minuten; ziehen wir die Anmoderation von Piper hinzu, landen wir bei etwa 18 Minuten. Eine gesendete *Dinner-for-One*-Minute kostete etwa 230 DM, was heute in etwa 115 Euro entspricht, die Inflationsrate nicht mitgerechnet.

22. DEZEMBER

Wo arbeitete
Freddie Frinton,
bevor er seinen
Lebensunterhalt
als Schauspieler
verdiente?

Für Freddie gab es bei der Berufswahl nur eine Perspektive: in den zahllosen Fischfabriken im Hafen von Grimsby, seiner Geburtsstadt. Die kleine Hafenstadt, die im 9. Jahrhundert von den Dänen gegründet wurde, ist bis heute untrennbar mit der Hochseefischerei verbunden. Das klingt großartig, bedeutet aber auch, dass die kleine Stadt während Frintons Jugend ihren Einwohnern nicht viel anderes zu bieten hatte als eben Fische. Wer hier zur Welt kam, hatte nicht viel Auswahl bei der Zukunftsplanung. Freddie auch nicht. Deshalb trat er einen Job als Fischpacker in einer der Fischfabriken an.

Die Arbeit als Fischpacker, die heute weitgehend mechanisiert abläuft, war damals kein Vergnügen. Doch Freddie war entschlossen, eins daraus zu machen. Mit allerlei Späßen, Unsinn und Grimassen brachte er seine Kollegen zum Lachen. Die Geschäftsleitung entwickelte allerdings nicht ganz die gleiche Begeisterung für seine Faxen, und so schmiss sie den selbst ernannten Firmenkomiker kurzerhand raus.

Freddie musste sich auf die Suche nach einem neuen Lebensunterhalt machen. Doch ein Gutes hatte seine Zeit in der Fischfabrik: Er stellte fest, wie sehr es ihm Freude bereitete, andere zum Lachen zu bringen.

Nach seinem Job in der Fischfabrik zieht es ihn in die Welt der Unterhaltung.

Unmittelbar in der Nähe von Grimsby liegt Cleethorpes, ein kleines Strandbad mit vielen Zelten und Buden, für die immer Spaßmacher gesucht werden. Einige Jahre lang schlägt sich Freddie dort als Faxenmacher und Gelegenheitssänger durch. Eines Tages landet er in einer kuriosen Einrichtung, die in den Standbädern Englands damals weit verbreitet ist: eine Strandbühne. Dort bekommt er seinen ersten festen Job in einer Tanztruppe.

Nach einer Weile geht er den nächsten Schritt und ändert seinen Namen in Frinton, gerade rechtzeitig, um dem kommenden großen Krieg mit neuem Künstlernamen begegnen zu können. Für die meisten Menschen ein großes Unglück, für Freddie Frinton allerdings ein kleines Glück in dieser Zeit. Die Armee der westlichen Staaten wird von einem Tross aus Unterhaltungskünstlern begleitet, die die Truppen bei Laune halten sollen. Unteroffizier Frinton gehört zu einer Truppe, die sich *Stars in Uniform* nennt und in der Welt herumkommt. Für ihn ist diese Zeit der Durchbruch als Komiker. Als der Frieden ausbricht, kann Frinton ziemlich gelassen in die Zukunft sehen. Nicht nur in dieser Beziehung. Denn während seiner Zeit in der militärischen Theatergruppe lernt er Nora kennen, seine zweite Frau, die als Schreibkraft für die Gruppe tätig war. Geografisches Zentrum seiner Komiker-Existenz wird das Seebad Blackpool, wo er angeblich eines Tages von zwei enthusiastischen Fernsehmännern aufgestöbert wird.

And the rest is history.

23

23. DEZEMBER

Welche Bilder
hängen im Speisesaal
an der Wand?

Der damalige Bühnenbildner Herbert Lerche erzählte in einer TV-Dokumentation, dass Heinz Dunkhase ihn angerufen und gebeten habe, in Windeseile und innerhalb nur weniger Tage eine Kulisse für ein Stück aufzubauen, das in einem englischen Herrenhaus spielen solle.

In kürzester Zeit musste er alle Stücke für eine Kulisse zusammensuchen, um die Stimmung eines britischen aristokratischen Wohnsitzes zu erzeugen. Also machte er sich auf die Suche nach Stühlen, Kerzenhaltern, Möbeln und Gemälden, wie sie der Zuschauer in einem englischen Herrenhaus erwarten würde. Er bediente sich klassischer britischer Motive.

Auf der linken Seite sehen die Zuschauer ein Gemälde, das einen Ausschnitt des Porträts von Heinrich VIII. von Hans Holbein zeigt. Hierbei handelt es sich um eines der berühmtesten Bilder eines britischen Monarchen und das bekannteste Porträt von Heinrich VIII. Das Originalwandbild, das 1698 bei einem Brand des *Palace of Whitehall* zerstört wurde, zeigte neben dem König auch seine Frau Jane Seymour und seine Eltern.

Auf dem Gemälde auf der rechten Seite sieht man König Karl I. von England. Es ist einem Gemälde von Anton van Dyck nachempfunden. Ab 1632 lebte und arbeitete van Dyck in London als Hofmaler. Er war bei der Aristokratie sehr beliebt und porträtierte Karl I. Im selben Jahr erhob ihn der König in den Adelsstand. Die größte zusammenhängende Sammlung seiner Werke ist immer noch Eigentum der englischen Krone.

Beide großformatigen Bildern runden das Bild eines aristokratischen Wohnsitzes ab. Leider ist heute nicht mehr eindeutig herauszufinden, um wen es sich auf dem Gemälde in der Mitte über dem Kamin handelt. Es könnte sich um ein Bildnis von John Constable handeln, einem berühmten englischen Landschaftsmaler des 18. Jahrhunderts. Jedenfalls weist das Bildnis erhebliche Ähnlichkeit mit einem von Daniel Gardner angefertigten Porträt dieses Herrn auf.

24

24. DEZEMBER

Wer lacht
denn da?

Premiere in Deutschland feierte *Dinner for One* am 8. März 1963 im Theater am Besenbinderhof in Hamburg. Dort wurde die Fernsehshow *Guten Abend, Peter Frankenfeld!* ausgestrahlt. Während dieser Sendung zeigte Frankenfeld den Sketch mit James, Miss Sophie und dem Tiger zum allerersten Mal im deutschen Fernsehen. Leider existieren davon keine Mitschnitte.

Nach der Erstausstrahlung entschied man sich jedoch, Frinton und May erneut nach Hamburg einzuladen und eine Aufzeichnung mit ihnen zu produzieren. Die heutige Version wurde im Studio B des NDR in Hamburger Stadtteil Lokstedt zwischen dem 30. April und 4. Mai 1963 aufgezeichnet.

Anfangs war die Aufzeichnung ohne Zuschauer geplant. Doch nach der ersten Probeaufnahme bestand Frinton auf Publikum im Studio. So war er es von der Bühne gewohnt, und er brauchte die Lacher für die richtige Atmosphäre. Da man nur wenig Zeit hatte, musste eine schnelle Lösung her: Also lief der damalige Aufnahmeleiter auf dem Sendegelände von Büro zu Büro und trommelte alle Kollegen zusammen, die im NDR des Englischen mächtig waren. Anschließend saßen etwa 50 Mitarbeiter im Publikum und sorgten für die Stimmung, die wir alle kennen und lieben.

Eine Lache, die sich manchmal auch wie ein Kreischen, Grunzen oder Wiehern anhört, war ein besonderer Glücksgriff für die Produktion, weil sie für Stimmung im Studio sorgte. Im Publikum im Mai 1963 saß nämlich auch eine Person, deren Lachen in ganz Deutschland berühmt werden sollte: Sonja Göth. Sie war Telefonistin beim NDR und mit dem Lichttechniker Viktor Göth verheiratet, der an diesem Tag bei *Dinner for One* im Einsatz war. Ihr ansteckendes Lachen war ihr selbst ein wenig unangenehm, und während der Aufzeichnung versuchte man, ihr mitzuteilen, sich zu mäßigen. Doch das war schier unmöglich. So kam es, dass Frau Göth immer und immer wieder zu der Aufzeichnung und ihrer Lache befragt und interviewt wurde. Dabei war ihr selbst der Klang ihres Lachens eher peinlich.

Well, it's been most enjoyable.

25

25. DEZEMBER

Alle Stühle
sind gleich – **oder
doch nicht?**

Freddie Frinton war sehr präzise und genau.

Der Requisiteur von damals, Wilhelm A. Fechtner, schildert in einer im Jahr 2007 im deutschen Fernsehen ausgestrahlten Dokumentation des NDR, dass die Probleme beim Aufbau für das Stück vor allem daran lagen, dass alles sehr schnell gehen musste. Leider waren die Vorgaben von Regisseur Heinz Dunkhase nicht besonders ausführlich ausgefallen, sodass niemand so richtig wusste, was eigentlich benötigt wurde.

Beide, Requisiteur und Bühnenbildner, hielten damals persönlich Rücksprache mit Frinton, um das Bühnenbild gemeinsam gestalten zu können. Dabei wurde klar, dass Freddie Frinton trotz seiner Vorliebe fürs Improvisieren sehr präzise arbeitete und in seinem Sketch alles genau austariert war. So waren ihm die Lehnen der vom NDR gewählten Stühle etwas zu niedrig, um May Warden in der berühmten „Kipp-Szene" sicher nach hinten und wieder zurück zu kippen. Innerhalb kürzester Zeit mussten also neue Stühle organisiert werden. Freddie Frinton überließ nichts dem Zufall und legte sogar selbst mit Hand an beim Aufbau. Er war ein Vollprofi.

Übrigens: Wer genau hinschaut, sieht, wie sich May Warden kurz vor dem Kipp-Experiment aufsetzt, eine andere Position einnimmt und sich an den Armlehnen festhält, um sich für den kleinen Stunt zu wappnen.

26

26. DEZEMBER

Stammt der
Sketch aus
Frintons **Feder?**

Um die Entstehung des Stücks und seinen Autor ranken sich viele Gerüchte. In einigen Medien wird sogar Freddie Frinton als Autor genannt. Doch tatsächlich besaß Freddie Frinton ausschließlich die Bühnenrechte. Der eigentliche Urheber und damit der Erfinder von „Champagne with the Bird" und „Well, I'll do my very best" ist ein gewisser Morris Laurence Samuelson Metzenberg mit dem Künstlernamen Lauri Wylie.

Lauri Wylie begann seine Karriere als Schauspieler in den späten 1890er-Jahren in London. Sein erstes Werk als Dramatiker war *Early Morning Reflections* von 1911, das ihm eine Klage wegen Urheberrechtsverletzung einbrachte, weil er ein ähnliches Stück, *The Broken Mirror*, plagiiert haben sollte.

Darüber hinaus war er Autor bzw. Mitautor mehrerer Revuen und Operetten. Zusammen mit seinem jüngeren Bruder schrieb er 1922 u. a. den Film *The Game of Life*, der damals als längster britischer Spielfilm Aufsehen erregte.

Doch sein größter Erfolg ist bis heute sicherlich *Dinner for One*. Das Stück wurde vom 5. bis 31. März 1934 im *Prince of Wales Theatre* in London als Teil einer von Wylie geschriebenen Revue aufgeführt. Am 8. März 1934 ließ die Zeitschrift *The Stage* in ihrer Rezension Folgendes verlauten: „Ein ‚Dinner-for-One‘-Sketch ist eine sehr lächerliche Burleske von abgedroschener Sentimentalität.“

Dinner for One wurde 1948 erneut am *Duke of York's Theatre* aufgeführt und 1953 am Broadway in der Revue *Almanac* von John Murray Anderson präsentiert. Nach dessen Tod erwarb Freddie Frinton die Aufführungsrechte an dem Stück. Nachdem ihm ein Auftritt in einem Theater verweigert wurde, weil kurz zuvor ein anderes Team den Sketch aufgeführt hatte, greift er tief in die Tasche und sichert sich die Exklusivrechte. Fortan tingelt er mit seinem Tigerkopf quer durchs Land und feiert betrunken bis zu viermal täglich Miss Sophies 90. Geburtstag.

27. DEZEMBER

Welche Gegenstände befinden sich auf dem **Kaminsims**?

Hätten Sie es gewusst? Auf dem Sims stehen zwei Kristallvasen, zwei Keramik-Hunde und eine Kaminuhr. Allesamt sehr britische Accessoires, wie sie in einem Herrenhaus sicherlich zu finden wären. Doch zwei dieser Gegenstände tragen ein sündiges Geheimnis.

In englischen Hafenstädten kann man sie noch heute in den Fenstern sitzen sehen – kleine, weiße Hunde, in sitzender Haltung, den Kopf zur Seite gedreht, mit niedlichem Gesichtsausdruck. Bereits vor 200 Jahren wurden sie von Seeleuten aus England mitgebracht und zierten die Fenster von Kapitäns- und Lotsenhäusern. Man nennt die possierlichen Figürchen Kapitäns-, Kamin-, Puffhunde oder Staffordshire Dogs.

Der letzte Name verrät den Hauptproduktionsort der putzigen Gesellen. Die meisten Tiere sind eine Mischung aus Malteser-Hund und King-Charles-Spaniel, benannt nach Charles II., der diese Hunde am englischen Hof züchtete. Als Schaustücke zierten die Mitbringsel vor allem Kaminsimse, aber sie wurden auch auf dem Fensterbrett platziert, und dort erfüllten sie einen zweideutigen Zweck.

Zuweilen trugen die Hunde ein Halsband mit Schloss, das die Liebe zwischen einem Seefahrer und seiner Frau symbolisiert. Die Frauen der Seefahrer platzierten die Hunde in den Fenstern. Dabei achteten sie der Legende nach genau auf die Positionierung. Die Art, wie die Hundefiguren zueinanderstanden, gab Auskunft darüber, ob der Ehemann im Hafen und damit zu Hause war. Denn war der Gatte zu Hause, drehten sie den Hund mit dem Rücken zur Straße. War er wieder auf See, schauten die Hunde aus dem Fenster als Symbol dafür, wie sehnsüchtig nach der Rückkehr des Ehemanns Ausschau gehalten wurde.

Dass diese Botschaft auch eventuelle Liebhaber zu deuten wussten, kam rein zufällig dazu. Ebenfalls als nicht erwiesen gilt, dass die Hunde im englischen Rotlichtmilieu als „Anzeige" dafür genutzt wurden, ob ein Etablissement frei war oder nicht. Diese Anekdote über die Figuren wird von Fachleuten gern als moderne Sage abgetan. Im *Victoria and Albert Museum* in London wollte man jedenfalls auf Nachfrage so eine anrüchige Anekdote im Zusammenhang mit ihren Hundefiguren nicht bestätigen.

28. DEZEMBER

Wieso musste die **Eingangssequenz** im Jahr 1988 neu synchronisiert werden?

Auf der Website des NDR heißt es wörtlich: „Heinz Piper bereitet die Zuschauer eloquent vor auf das ungewöhnlichste Geburtstagsdinner, das es je gab."

Am 8. März 1963 trat Heinz Piper vor das in Windeseile herbeigezauberte Publikum und erklärte den einzigen Satz, den man in dem Sketch wirklich verstehen muss: „The same procedure as every year". Leider sagte er im Eifer des Gefechts: „The same procedure than every year". Doch dieser kleine grammatikalische Fehler änderte nichts an der Begeisterung des Publikums. *Dinner for One* eroberte wenige Jahre später die Nation im Sturm und wurde auch dank Piper zum Silvester-Kult. Wieso entschied sich der NDR also, die Einführung neu zu synchronisieren?

Nun denn. Das falsche englische Zitat von Erzähler Heinz Piper sorgte beim NDR regelmäßig für Protestschreiben von Lehrern und anderen Menschen, die sich um das Wohl der englischen Sprache sorgten. 1988 wurde deshalb die Tonspur an dieser Stelle durch ein Stück aus einer Probeaufzeichnung ausgetauscht. Seitdem sagt Piper korrekt: „The same procedure as every year". Die gesamte Nation war wieder zufrieden und kann seitdem ungetrübt ins neue Jahr starten.

29

29. DEZEMBER

Wie viele Menschen schauen jedes Jahr *Dinner for One*?

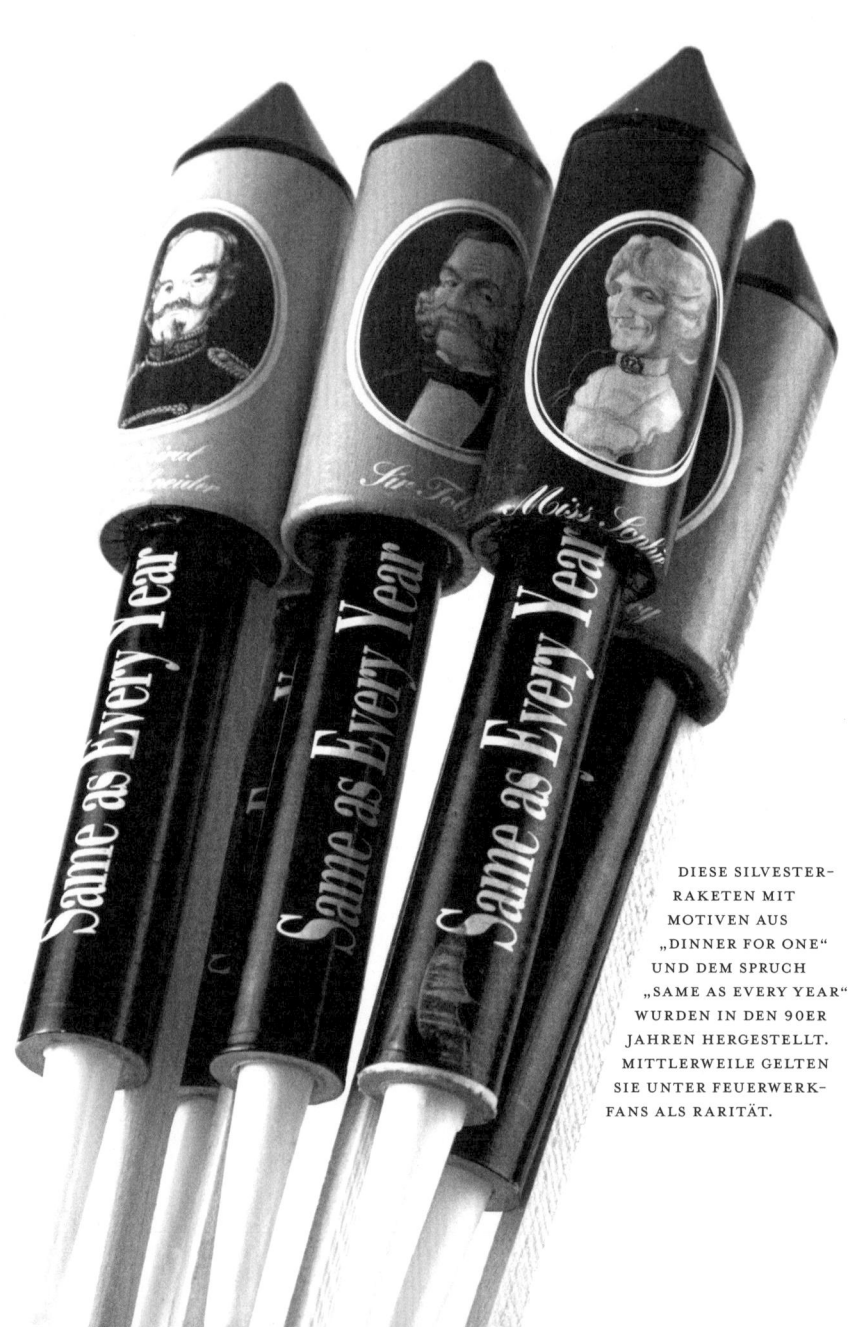

DIESE SILVESTER-
RAKETEN MIT
MOTIVEN AUS
„DINNER FOR ONE"
UND DEM SPRUCH
„SAME AS EVERY YEAR"
WURDEN IN DEN 90ER
JAHREN HERGESTELLT.
MITTLERWEILE GELTEN
SIE UNTER FEUERWERK-
FANS ALS RARITÄT.

Seit 1972 sendet der NDR den Sketch regelmäßig zum Jahreswechsel. 1997 zog *Dinner for One* mit 11,93 Millionen sogar mehr Menschen vor den Fernseher als die Neujahrsansprache des Bundeskanzlers (9,28 Millionen).

2013 knackten Freddie Frinton und May Warden dann erstmalig die 13-Millionen-Marke. Insgesamt wurde der Sketch bereits mehr als 230 Mal in Deutschland ausgestrahlt und bekam damit schon 1988 einen Eintrag im *Guinness-Buch der Rekorde*. Seit 1996 führt das Buch den Rekord allerdings nicht mehr auf. Der Grund? *Dinner for One* scheint uneinholbar, und die Macher des Buchs wollten für mehr Abwechslung sorgen. Beim Jahreswechsel 2017/2018 sahen sogar rund 17 Millionen Menschen Frinton und May beim Feiern in den insgesamt 20 Ausstrahlungen zu. Und weil wir noch nicht genug Zahlen hatten, packen wir die rund vier Millionen für die unterschiedlichen Varianten von Cohn bis Kölsch auch noch obendrauf.

Übrigens: Mit *Dinner for Cohn* aus dem Jahr 2018 parodierte ZDFneo den allseits beliebten Klassiker. Neben William Cohn und Marti Fischer waren Mainzelmännchen statt Tigerkopf sowie Dieter Bohlen, Udo Lindenberg, Klaus Kinski und Angela Merkel statt der traditionellen Gäste zu sehen. Diese Variante hatte beim jüngeren Publikum sogar eine höhere Reichweite als die vorausgehende Wiederholung des Jahresrückblicks der *heute-show*.

30

30. DEZEMBER

Was hat die
deutsche Post mit
Dinner for One
zu tun?

Die kurze Antwort lautet: eine Briefmarke!

Ja, es gibt wirklich eine Briefmarke zum wohl beliebtesten Fernsehsketch für den Jahreswechsel, den an Silvester 2017/2018 sage und schreibe 17 Millionen Menschen im Fernsehen sahen.

Die lange Antwort: 2018, rund 55 Jahre nach der Erstausstrahlung, ehrte die Deutsche Post *Dinner for One* mit einer Sonderbriefmarke im Rahmen ihrer Reihe *Deutsche Fernsehlegenden* mit einer Auflage von 4,7 Millionen. Der Wert der Marke: 45 Cent. Seit 2016 verewigt die Deutsche Post in dieser Briefmarkenreihe Kultfiguren aus dem deutschen Fernsehen. Den Anfang machte die Science-Fiction-Serie *Raumpatrouille Orion* anlässlich ihres 50-jährigen Jubiläums.

So weit, so gut. Doch was sieht man? Natürlich den britischen Komiker Freddie Frinton als Butler James und seine Partnerin May Warden alias Miss Sophie, die sich zuprosten, und im Hintergrund das für den Sendeschluss typische Testbild.

Übrigens: Die Deutsche Post und der NDR präsentierten die neue Briefmarke gemeinsam, und entworfen hat das Motiv Thomas Steinacker aus Bonn. Der Erstausgabetag war der 11. Oktober 2018. In der Reihe Deutsche Fernsehlegenden wurden bisher außerdem Klassiker wie *Beat-Club*, *Tatort* und *Polizeiruf 110* verewigt. Im Jahr 2022 wird der *Rockpalast* auf diesem Wege geehrt.

31. DEZEMBER

Wieso stolpert James ausgerechnet über **einen Tiger?**

Da Frinton und Warden ihren Sketch live vor Publikum für den NDR einspielen sollten, stellte der NDR alle notwendigen Requisiten bereit, darunter ein Eisbärenfell für die berühmten Stolperszenen, denn Frintons mitgebrachtes Tigerfell war dem NDR für die TV-Aufnahmen zu zerschlissen, und man hatte Sorge, dass es zu schäbig wirken könnte. Am Ende landete aber doch der Tiger vor der Kamera. Wie kam es dazu? Ganz einfach: Freddie Frinton war mit dem Eisbärenfell des NDR gar nicht zufrieden. Es passte nicht in seine Choreografie und war viel größer als sein eigenes Tigerfell. Seine präzise einstudierte Schrittfolge war dahin. Auch das Stolpern über den Kopf klappte nicht wie gewohnt, denn die Höhe des Eisbärkopfs und die des Tigerkopfs waren nicht identisch. Frintons gewohnte Bewegungen passten hinten und vorne nicht.

Bis 1991 verstaubte das vom NDR liebevoll vorbereitete Eisbärenfell deshalb im Fundus des NDR mit einem Zettel um den Hals, auf dem „Freddie Frinton: der 90. Geburtstag" stand. Freddie Frintons Witwe erinnert sich, dass Freddie sein Tigerfell, das er 1953 in einem Kolonialwarenladen gekauft hatte, immer dabeihatte, und wenn das Auto schon voll beladen war, wurde der Tiger kurzerhand aufs Autodach geschnallt und tingelte so mit Frinton quer durch England.

Übrigens: Die Stadt Bremerhaven, die eine Städtepartnerschaft mit Frintons Geburtsort Grimsby hat, wurde durch die Corona-Pandemie in ihren Plänen, eine Kombination aus Theater und Restaurant mit einer „Dinner-for-One"-Show ins Leben zu rufen, ausgebremst. Angedacht war auch, das Tigerfell aus Frintons Nachlass zu integrieren. Die Pläne liegen derzeit auf Eis, und so findet man das Präparat des Bengalitigers auch jetzt noch im Wohnzimmer von Frintons Sohn Steven im englischen Watford. Am Hinterkopf ist das der arme Tiger arg in Mitleidenschaft gezogen und wurde bereits liebevoll mit Leopardenfell geflickt, außerdem fehlen dem Katzentier einige Zähne. Die ganzen Stolperer und Reisen haben ihre Spuren hinterlassen.

Der Text
zum Mitsprechen

JAMES:
Good evening, Miss Sophie, good evening.

MISS SOPHIE:
Good evening, James.

JAMES:
You are looking very well this evening, Miss Sophie.

MISS SOPHIE:
Well, I am feeling very much better, thank you, James.

JAMES:
Good, good, good.

MISS SOPHIE:
Well, I must say that everything looks very nice.

JAMES:
Thank you very much, Miss Sophie, thank you.

MISS SOPHIE:
Is everybody here?

JAMES:
Indeed, they are, yeah. Yes … They are all here for your anniversary, Miss Sophie.

MISS SOPHIE:
All five places are laid out?

JAMES:
All laid out as usual.

MISS SOPHIE: Sir Toby?

JAMES: Sir Toby, yes, he's sitting here this year, Miss Sophie.

MISS SOPHIE: Admiral von Schneider?

JAMES: Admiral von Schneider is sitting here, Miss Sophie.

MISS SOPHIE: Mr Pommeroy?

JAMES: Mr Pommeroy I put round here for you.

MISS SOPHIE: And my very dear friend, Mr Winterbottom?

JAMES: On your right, as you requested, Miss Sophie!

MISS SOPHIE: Thank you, James. You may now serve the soup.

JAMES: The soup, thank you very much, Miss Sophie, thank you. They are all waiting for you. Little drop of mulligatawny soup, Miss Sophie?

MISS SOPHIE: I am particularly fond of mulligatawny soup, James.

JAMES: Yes, I know you are.

MISS SOPHIE: I think we'll have sherry with the soup.

JAMES: Sherry with the soup, yes … Oh, by the way, the same procedure as last year, Miss Sophie?

MISS SOPHIE: The same procedure as every year, James.

JAMES: The same procedure as every year, James …

MISS SOPHIE: Is that a dry sherry, James?

JAMES: Yes, a very dry sherry, Miss Sophie … very dry. Straight out of the cellar, this morning, Miss Sophie.

MISS SOPHIE: Sir Toby!

JAMES: Cheerio, Miss Sophie!

MISS SOPHIE: Admiral von Schneider!

JAMES: Ad… Must I say it this year, Miss Sophie?

MISS SOPHIE: Just to please me, James.

JAMES: Just to please you. Very good, yes, yes … Skol!

MISS SOPHIE: Mr Pommeroy!

JAMES: Happy New Year, Sophie!

MISS SOPHIE: And dear Mr Winterbottom!

JAMES: Well, here we are again, old lovely …

MISS SOPHIE: You may now serve the fish.

JAMES: Fish. Very good, Miss Sophie. Did you enjoy the soup?

MISS SOPHIE: Delicious, James.

JAMES: Thank you, Miss Sophie, glad you enjoyed it. Little bit of North Sea Haddock, Miss Sophie.

MISS SOPHIE: I think we'll have white wine with the fish.

JAMES: White wine with the fish? The same procedure as last year, Miss Sophie?

MISS SOPHIE: The same procedure as every year, James!

JAMES: Yeah …

MISS SOPHIE: Sir Toby!

JAMES: Cheerio, Sophie, me gal …

MISS SOPHIE: Admiral von Schneider!

JAMES: Oh, must I, Miss Sophie?

MISS SOPHIE: James, please, please …

JAMES: Skol!

MISS SOPHIE: Mr Pommeroy!

JAMES: Happy New Year, Sophie ... !

MISS SOPHIE: Mr Winterbottom!

JAMES: You look younger than ever, love! Younger than ever! He, he, he ...

MISS SOPHIE: Please serve the chicken!

JAMES: Ya ...

MISS SOPHIE: That looks a very fine bird!

JAMES: That's a lovely chu... chuk... chicken, that I'll tell you, a lovely ...

MISS SOPHIE: I think we'll have champagne with the bird!

JAMES: Champagne, ya ... Sssssame, same procedure as last year, Miss Sophie?

MISS SOPHIE: Same procedure as every year, James!

JAMES: Sophie, me gal ...

MISS SOPHIE: Admiral von Schneider!

JAMES: Must I, Miss Sophie?

MISS SOPHIE: James!

JAMES: Schkolll!

MISS SOPHIE: Mr Pommeroy!

JAMES: Happy New Year, Sophie, gal ...

MISS SOPHIE: Mr Winterbottom!

JAMES: It's one of the nicest little women ... hic ... one of the nicest little women, that's ever breathed, that's ever breathed ... I now declare this bazaar opened! Would you like some fruit?

MISS SOPHIE: I think we'll have port with the fruit!

JAMES: Oh, ... no! S... ame procedure as last ...

MISS SOPHIE: Yes, the same procedure as every year, James!

JAMES: ....!!!

MISS SOPHIE: Sir Toby!

JAMES: Sugar in the morning, ...

MISS SOPHIE: Admiral von Schneider!

JAMES: Schkolll!

MISS SOPHIE: Mr Pommeroy!

JAMES: I'm sorry, Madam, sorry.

MISS SOPHIE: Mr Winterbottom!

JAMES: Huuuhhh, I'll kill that cat!

MISS SOPHIE: Well, James, it's been really a wonderful party!

JAMES: Well, it's been most enjoyable.

MISS SOPHIE: I think I'll retire.

JAMES: You're going to bed?

MISS SOPHIE: Yes.

JAMES: Sit down, I'll give you a hand up, Madam.

MISS SOPHIE: As I was saying, I think I'll retire ...

JAMES: Ya ... ya. By the way, the same procedure as last year, Miss Sophie?

MISS SOPHIE: The same procedure as every year, James!

JAMES: Well, I'll do my very best!

BILDNACHWEIS: 1.12. picture alliance/United Archives/Siegfried Pilz; 2.12. © NDR/Annemarie Aldag; 3.12. nadiia_ oborska © shutterstock.com; 4.12. Bodor Tivadar (Katze), chempina (Vase) © shutterstock.com; 5.12. © NDR/Annemarie Aldag; 6.12. frescomovie © shutterstock.com; 7.12. Pyty © shutterstock.com; 8.12. picture alliance/dpa/dpa-Zentralbild/ Andre Jahnke; 9.12. picture alliance/United Archives/Siegfried Pilz; 10.12. Foxys Forest Manufacture © shutterstock.com; 11.12. 2020 William Barton/Shutterstock.com; © shutterstock.com; 12.12. picture alliance/United Archives/Siegfried Pilz; 13.12. © NDR/Annemarie Aldag; 14.12. Reprise Records, Public domain, via Wikimedia Commons (McGuire Sisters), CHAN Ping Chau © shutterstock.com (Noten); 15.12. © NDR/Annemarie Aldag; 16.12. Screenshot aus SWR-Dokumentation Vom Vorstadtkomiker zur Kultfigur (Geburtsurkunde), SevenMaps © shutterstock.com (Landkarte); 17.12. Epine © shutterstock.com; 18.12. Natamura © shutterstock.com; 19.12. © NDR/Annemarie Aldag; 20.12. picture alliance/ United Archives/Siegfried Pilz; 21.12. Uncle Leo © shutterstock.com; 22.12. Canicula © shutterstock.com; 23.12. Hans Holbein der Jüngere, Public domain, via Wikimedia Commons (Heinrich VIII.), Nach Anthonis van Dyck, Public domain, via Wikimedia Commons (Karl I.); 24.12. Everett Collection © shutterstock.com; 25.12. picture alliance/United Archives/Siegfried Pilz; 26.12. picture alliance/United Archives/Siegfried Pilz; 27.12. Bildagentur Zoonar GmbH © shutterstock.com; 28.12. picture alliance/United Archives/Siegfried Pilz; 29.12. picture alliance/SULUPRESS.DE/Torsten Sukrow; 30.12. picture alliance/dpa/Axel Heimken; 31.12. © NDR/Annemarie Aldag; Schmuckelemente: Vasya Kobelev © shutterstock.com

Wir produzieren nachhaltig

- Klimaneutrales Produkt
- Papiere aus nachhaltigen und kontrollierten Quellen
- Hergestellt in Deutschland

MIX
Papier | Fördert gute Waldnutzung
FSC® C043106

1. Auflage
- Originalausgabe -

ISBN 978-3-8303-2057-9

© 2022 Lappan Verlag in der Carlsen Verlag GmbH, Oldenburg/Hamburg
Dinner for One ® licensed by Nora Harding/Personal Appearances - Patsy Martin
Lizenziert durch OneGate Media GmbH - A Studio Hamburg Company.

Text und Lektorat: Ariane Ossowski, Jessica Link
Covergestaltung: Ulrike Boekhoff
Herstellung: Monika Swirski
Grafische Gestaltung Inhalt: Britt Hansen, Hamburg

FOLGT UNS! facebook.com/lappanverlag
Instagram.com/lappanverlag
w w w . l a p p a n . d e
w w w . l a p p a n k a l e n d e r . d e